Impressum
Verlag: BABADADA GmbH, Nedderfeld 112 , 22529 Hamburg
Geschäftsführer / Verlagsleitung: Harald Hof
Druck: Books on Demand GmbH, In de Tarpen 42, 22848 Norderstedt

Imprint
Publisher: BABADADA GmbH, Nedderfeld 112 , 22529 Hamburg, Germany
Managing Director / Publishing direction: Harald Hof
Print: Books on Demand GmbH, In de Tarpen 42, 22848 Norderstedt

1

el colegio
اسکول

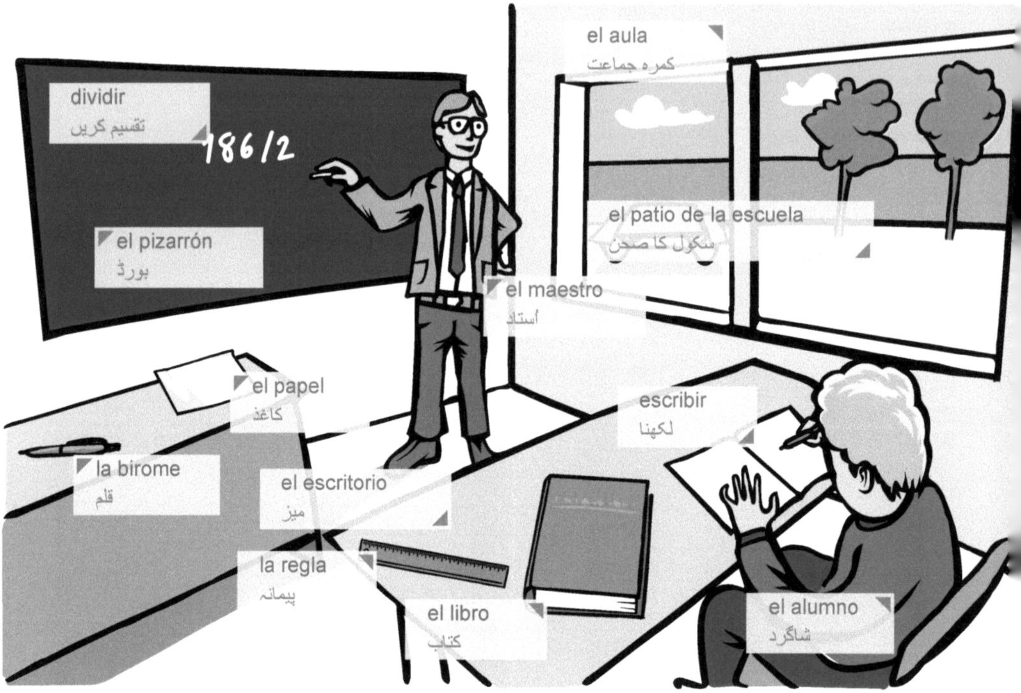
el aula
کمرہ جماعت
dividir
تقسیم کریں
186/2
el pizarrón
بورڈ
el patio de la escuela
سکول کا صحن
el maestro
اُستاد
el papel
کاغذ
escribir
لکھنا
la birome
قلم
el escritorio
میز
la regla
پیمانہ
el libro
کتاب
el alumno
شاگرد

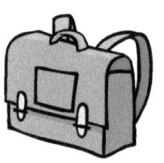

la mochila

بستہ

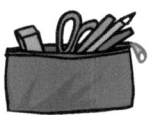

la caja de lápices

پینسل کیس

el lápiz

پینسل

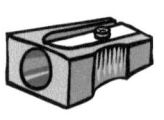

el sacapuntas

پینسل شارپنر

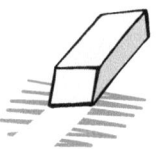

la goma (de borrar)

ربڑ

el bloc de dibujo

ڈرائنگ پیڈ

el dibujo

ڈرائنگ

el pincel

پینٹ برش

la caja de pinturas

پینٹ باکس

la tijera

قینچی

el pegamento

گوند

el cuaderno de ejercicios

مشق کی کاپی

la tarea

ہوم ورک

el número

ہندسہ

sumar

جمع کریں

restar

منفی کریں

multiplicar

ضرب دیں

calcular

شمار کریں

la letra

خط

el abecedario

حروف تہجی

la palabra

لفظ

el texto

متن

leer

پڑھنا

la tiza

چاک

la lección

سبق

el cuaderno de clase

اندراج

el examen

امتحان

el certificado

سند

el uniforme escolar

سکول یونیفارم

la educación

تعلیم

la enciclopedia

انسائیکلوپیڈیا

la universidad

یونیورسٹی

el microscopio

خورد بین

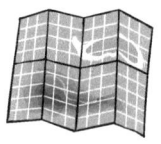

el mapa

نقشہ

el tacho (de basura)

ویسٹ پیپر باسکٹ

el viaje
سفر

el hotel
ہوٹل
Grand
el hostel
ہاسٹل
ROOMS
la casa de cambio
رقم تبدیل کرانے کیلئے دفتر
la valija
سوٹ کیس
el auto
کار

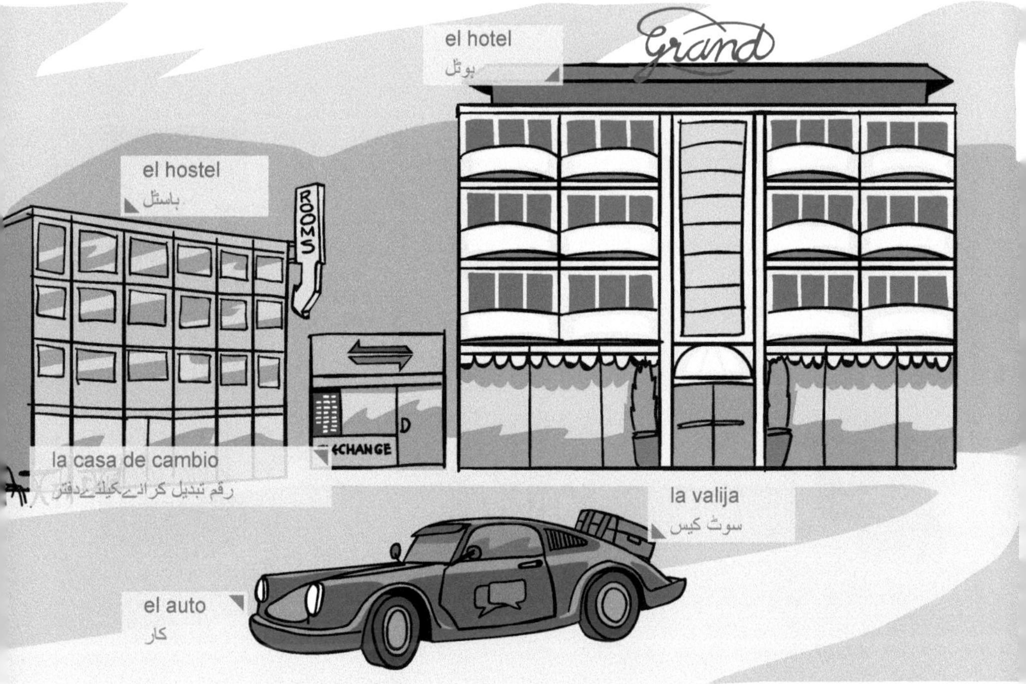

el idioma

زبان

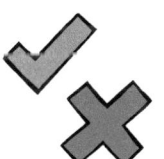

sí / no

ہاں / نہیں

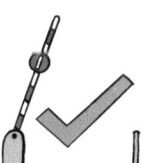

Está bien

ٹھیک ہے

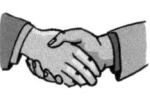

hola

ہیلو

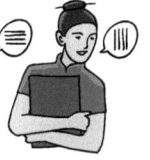

el traductor

مُترجم

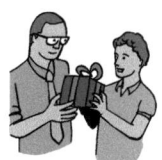

Gracias

شُکریہ

¿cuánto cuesta…?

۔۔۔ کی کیا قیمت ہے؟

No entiendo

میں نہیں سمجھتا

el problema

مشکل

¡Buenas tardes!

شام بخیر!

¡Buenos días!

صبح بخیر!

¡Buenas noches!

شب بخیر!

el adiós

الوداع

la dirección

سمت

el equipaje

سفری سامان

el bolso

بیگ

la mochila

بیگ پیک

el invitado

مہمان

la habitación

کمرہ

la bolsa de dormir

سلیپنگ بیگ

la carpa

ٹینٹ

la información turística

سياحوں کے لئے معلومات

la playa

ساحل

la tarjeta de crédito

کریڈٹ کارڈ

el desayuno

ناشتہ

el almuerzo

لنچ

la cena

ڈنر

el pasaje

ٹکٹ

el ascensor

لفٹ

el sello

مُہر

la frontera

سرحد

la aduana

کسٹمز

la embajada

سفارت خانہ

la visa

ویزا

el pasaporte

پاسپورٹ

el transporte
نقل وحمل

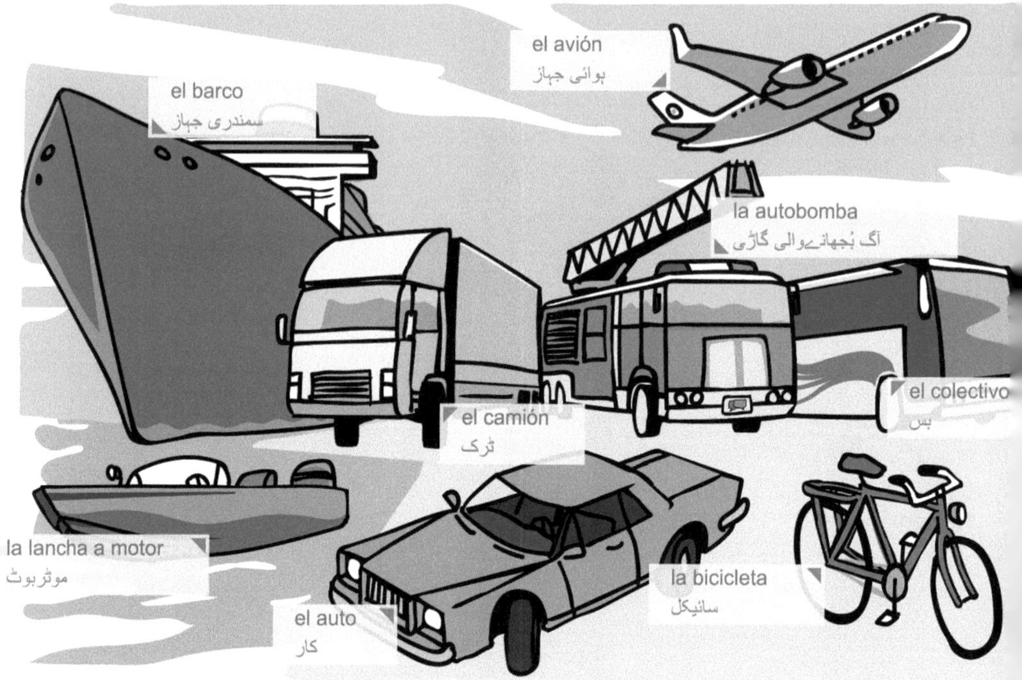
el avión
ہوائی جہاز
el barco
سمندری جہاز
la autobomba
آگ بُجھانےوالی گاڑی
el colectivo
بس
el camión
ٹرک
la lancha a motor
موٹربوٹ
la bicicleta
سائیکل
el auto
کار

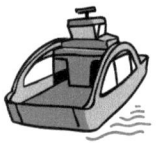

el ferry

فیری

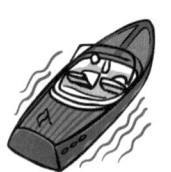

el bote

کشتی

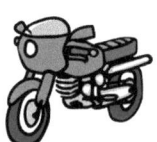

la moto

موٹرسائیکل

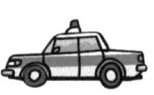

el patrullero

پولیس کار

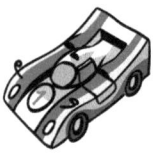

el auto de carreras

ریسنگ کار

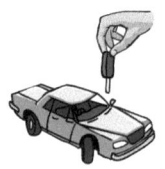

el auto de alquiler

کرایہ پرکار

el alquiler de autos

کار کا اشتراک کرنا

la grúa

کھینچنے والا ٹرک

el camión de la basura

کوڑے والا ٹرک

el motor

کار

la nafta

ایندھن

la estación de servicio

پٹرول اسٹیشن

la señal de tránsito

ٹریفک کے نشانات

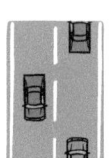

el tránsito

ٹریفک

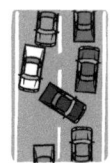

el embotellamiento

ٹریفک جام

el estacionamiento

کار پارک

la estación de tren

ٹرین اسٹیشن

las vías

پٹڑیاں

el tren

ٹرین

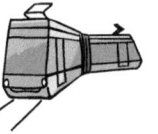

el tranvía

ٹرام

el vagón

ویگن

el helicóptero

ہیلی کاپٹر

el aeropuerto

ائیرپورٹ

la torre

تاور

el pasajero

مسافر

el contenedor

کنٹینر

la caja de cartón

ڈبہ

la carretilla

ریڑھا

la canasta

ٹوکری

despegar / aterrizar

اڑان بھرنا / زمین پر اترنا

la ciudad

شہر

el pueblo

گاؤں

el centro de la ciudad

سٹی سنٹر

la casa

مکان

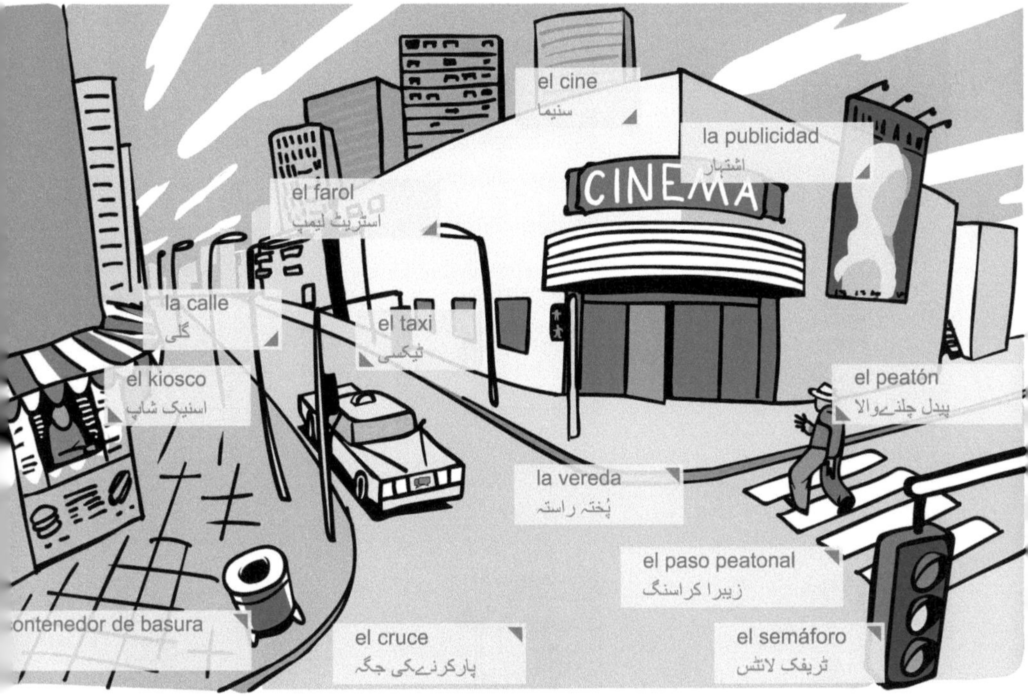

el cine — سنیما

la publicidad — اشتہار

el farol — اسٹریٹ لیمپ

la calle — گلی

el taxi — ٹیکسی

el kiosco — اسنیک شاپ

el peatón — پیدل چلنے والا

la vereda — پُختہ راستہ

el paso peatonal — زیبرا کراسنگ

el contenedor de basura

el cruce — پارکرنے کی جگہ

el semáforo — ٹریفک لائٹس

CINEMA

la cabaña

ہٹ

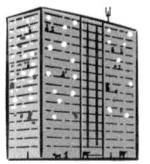

el departamento

فلیٹ

la estación de tren

ٹرین اسٹیشن

la municipalidad

ٹاؤن ہال

el museo

عجائب گھر

el colegio

اسکول

la universidad

یونیورسٹی

el banco

بینک

el hospital

ہسپتال

el hotel

ہوٹل

la farmacia

فارمیسی

la oficina

دفتر

la librería

کتابوں کی دکان

el negocio

دکان

la florería

پھولوں کی دکان

el supermercado

سُپر مارکیٹ

el mercado

مارکیٹ

las grandes tiendas

ڈیپارٹمنٹ سٹور

la pescadería

مچھلی کی دکان

el centro comercial

شاپنگ سنٹر

el puerto

بندرگاہ

el parque

پارک

el banco

بنچ

el puente

پُل

las escaleras

سیڑھیاں

el subte

انڈرگراؤنڈ

el túnel

سرنگ

la parada del colectivo

بس اسٹاپ

el bar

شراب خانہ

el restaurante

ریسٹورنٹ

el buzón

پوسٹ باکس

el letrero

اسٹریٹ سائن

el parquímetro

پارکنگ میٹر

el zoológico

چڑیا گھر

la pileta

سوئمنگ پول

la mezquita

مسجد

la granja

کھیت

la contaminación

آلودگی

el cementerio

قبرستان

la iglesia

چرچ

los juegos infantiles

کھیل کا میدان

el templo

مندر

el paisaje

منظر

la hoja
پتہ

el poste indicador
رہنمائی کے لئے لگا ہوا بورڈ

el camino
راستہ

la pradera
سبزہ زار

la piedra
پتھر

el árbol
درخت

el excursionista
پیدل چلنے والا، بانکر

el río
دریا

la hierba
گھاس

la flor
پھول

el valle

وادی

la montaña

پہاڑی

el lago

جھیل

el bosque

جنگل

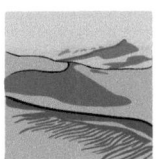

el desierto

صحرا

el volcán

آتش فشاں

el castillo

قلعہ

el arco iris

قوس قزح

el champiñón

کھمبی

la palmera

کجھور کا درخت

el mosquito

مچھر

la mosca

مکھی

la hormiga

چیونٹی

la abeja

مکھی

la araña

مکڑا

el escarabajo

بھونرا

la rana

مینڈک

la ardilla

گلہری

el erizo

خارپشت

la liebre

خرگوش

la lechuza

الو

el pájaro

پرندہ

el cisne

راج ہنس

el jabalí

سور

el ciervo

برن

el alce

امریکی بارہ سنگھا

la presa

ڈیم

el aerogenerador

ہوا سےچلنےوالی ٹربائین

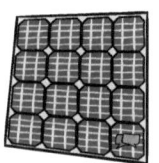

el panel solar

سولرپینل

el clima

آب وہوا

el restaurante

ریسٹورنٹ

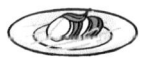

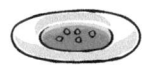

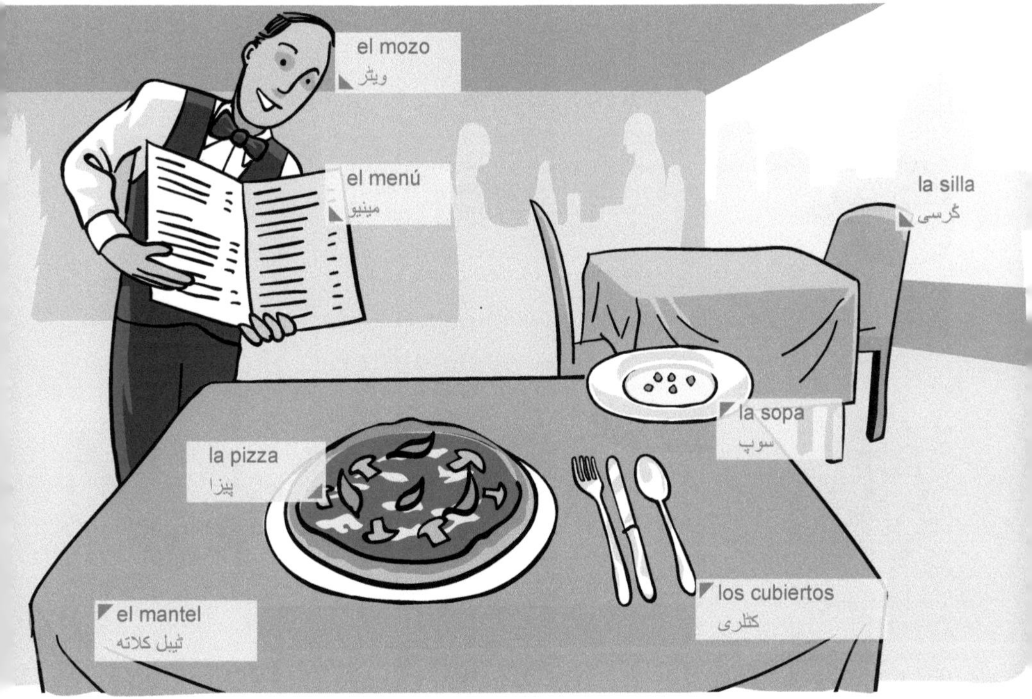
el mozo
ویٹر
el menú
مینیو
la silla
کرسی
la sopa
سوپ
la pizza
پیزا
los cubiertos
کٹلری
el mantel
ٹیبل کلاتھ

la entrada

اسٹارٹر

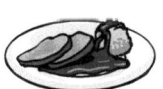

el plato principal

مین کورس

el postre

ڈیزرٹ

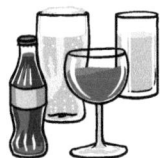

las bebidas

مشروبات

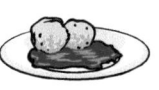

la comida

کھانے کی اشیاء

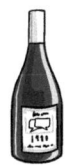

la botella

بوتل

la comida rápida

فاسٹ فوڈ

la comida callejera

اسٹریٹ فوڈ

la tetera

چائےدانی

la azucarera

شوگر باکس

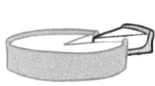

la porción

حصہ

la cafetera expreso

ایسپریسو مشین

la sillita alta

اونچی کرسی

la cuenta

بل

la bandeja

ٹرے

el cuchillo

چھُری

el tenedor

کانٹا

la cuchara

چمچ

la cucharita

چائے کا چمچ

la servilleta

سرویئٹی

el vaso

گلاس

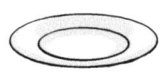

el plato

پلیٹ

el plato hondo

سوپ پلیٹ

el plato

طشتری

la salsa

چٹنی

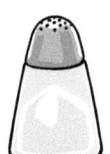

el salero

سالٹ شیکر

el molinillo de pimienta

پیپرمل

el vinagre

سرکہ

el aceite

خوردنی تیل

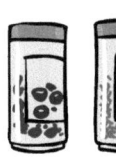

las especias

مصالحے

el kétchup

کیچپ

la mostaza

سرسوں

la mayonesa

میئونیز

el supermercado

سُپرمارکیٹ

la oferta especial
خصوصی پیشکش
FOR
el cliente
گاہک
los lácteos
ڈیری
la fruta
پھل
el changuito
ٹرالی

BUTCHERS

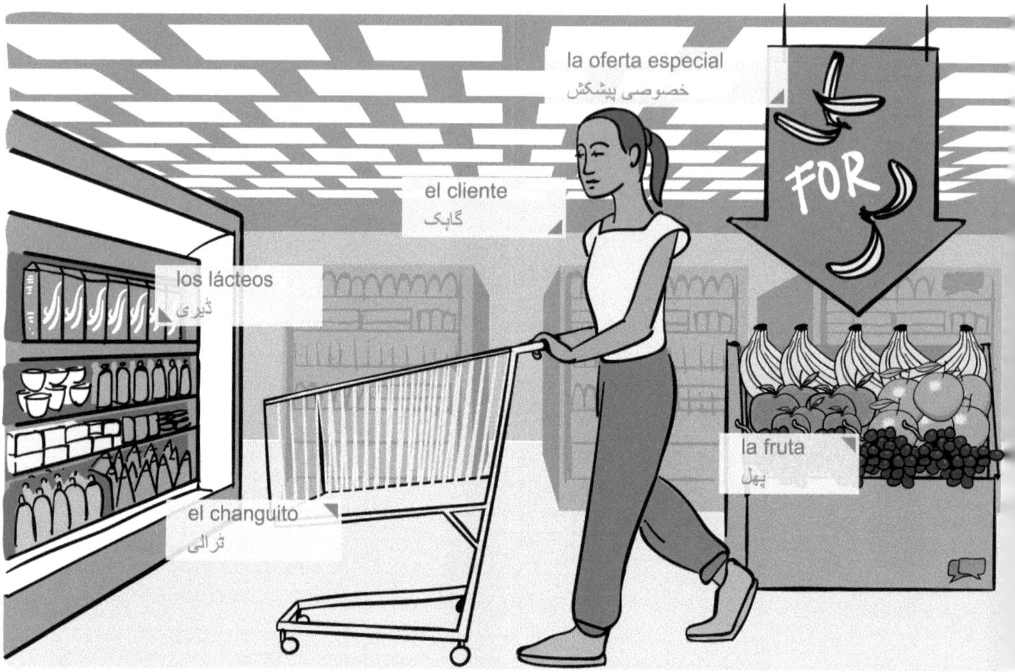

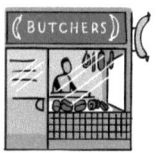

la carnicería

گوشت کی دُکان

BAKERY

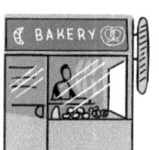

la panadería

بیکری

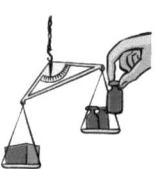

pesar

وزن کرنا

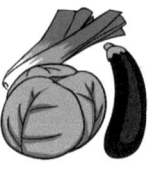

las verduras

سبزیاں

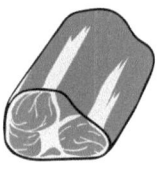

la carne

گوشت

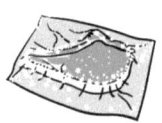

los alimentos congelados

جما ہوا کھانا

los fiambres

کولڈ کٹس

los alimentos enlatados

ڈبے میں بند کھانا

el detergente en polvo

واشنگ پاؤڈر

las golosinas

مٹھائیاں

los electrodomésticos

گھریلو مصنوعات

los productos de limpieza

صاف کرنے کیلئے مصنوعات

la vendedora

سیلز پرسن

la caja

کیش رجسٹر

el cajero

کیشنیر

la lista de compras

خریداری کی فہرست

el horario de atención

اوقات کار

la billetera

بٹوہ

la tarjeta de crédito

کریڈٹ کارڈ

la cartera

تھیلا

la bolsa de plástico

پلاسٹک کے تھیلے

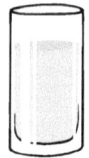

el agua

پانی

el jugo

جوس، رس

la leche

دودھ

la bebida cola

کوک

el vino

وائن

la cerveza

بیئر

el alcohol

الکوحل

el cacao

کوکوآ

el té

چائے

el café

کافی

el café expreso

أیسپریسو

el cappuccino

کپاچینو

la banana

کيلا

la manzana

سيب

la naranja

مالٹا

el melón

خربوزہ

el limón

ليموں

la zanahoria

گاجر

el ajo

لہسن

el bambú

بانس

la cebolla

پياز

el champiñón

کھُمبی

las nueces

اخروٹ، بادام وغيرہ

los fideos

نوڈلز

los tallarines

اسپیگیتی

el arroz

چاول

la ensalada

سلاد

las papas fritas

چپس

las papas fritas

تلے گئے آلو

la pizza

پیزا

la hamburguesa

بیم برگر

el sándwich

سینڈوچ

el churrasco

کٹلیٹ

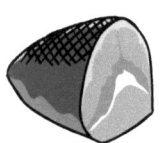

el jamón

سؤرکی ران کا گوشت

el salame

گوشت کی اطالوی ساسیج

la salchicha

ساسیج

el pollo

مُرغی

el asado

روسٹ

el pescado

مچھلی

la comida - کھانے کی اشیاء

los copos de avena

جئی کا دلیہ

el muesli

میوزلی

los copos de maíz

کارن فلیکس

la harina

آٹا

la medialuna

کروئیسنٹ

el pancito

بریڈ رول

el pan

بریڈ

la tostada

ٹوسٹ

las galletitas

بسکٹ

la manteca

مکھن

la cuajada

دہی

la torta

کیک

el huevo

انڈا

el huevo frito

فرائی کیا گیا انڈہ

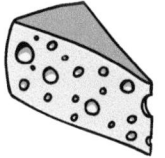

el queso

پنیر

el helado

أنس کریم

el azúcar

چینی

la miel

شہد

la mermelada

جام

la pasta de chocolate

ناؤگٹ کریم

el curry

سالن

la granja
فارم باؤس

el granero
كھليان

el fardo de paja
تنكوں كى گانٹھ

el campo
كھيت

el caballo
گھوڑا

el remolque
ٹريلر

el potrillo
گھوڑے كا بچہ

el tractor
ٹريكٹر

el burro
گدھا

el cordero
ميمنہ

la oveja
بھيڑ

la cabra

بكرى

la vaca

گائے

el ternero

بچھڑا

el cerdo

سؤر

el lechón

سؤركابچہ

el toro

سانڈ

el ganso

راج ہنس

el pato

بطخ

el pollo

چوزہ

la gallina

مُرغی

el gallo

مُرغا

la rata

چوہا

el gato

بلی

el ratón

چوہا

el buey

بیلچہ

el perro

کتا

la cucha

کتے کا گھر

la manguera

گارڈن ہاؤس

la regadera

پانی کا کین

la guadaña

درانتی

el arado

ہل

la hoz

درانتی

la azada

بیلچہ

la horquilla

ترنگل

el hacha

کلہاڑا

la carretilla

ٹھیلہ گاڑی

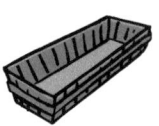

el abrevadero

حوض

la lechera

دودھ کا کین

la bolsa

تھیلا

la reja

باڑ

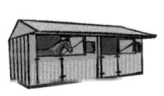

el establo

اصطبل

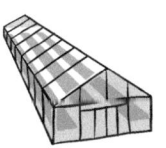

el invernadero

گرین ہاؤس

el suelo

مٹی

la semilla

بیج

el fertilizador

فرٹیلائزر

la cosechadora

کمبائن ہاروبیسٹر

la granja - کھیت 29

cosechar

فصل کاٹنا

la cosecha

فصل کاٹنا

las batatas

افریقی الو

el trigo

گندم

la soja

سویا

la papa

الو

el maíz

مکئی

la semilla de colza

توریا کا تیل

el árbol frutal

پھلداردرخت

la mandioca

کساوا

los cereales

دلیہ

la casa
مکان

la chimenea
چمنی
el techo
چھت
el caño de desagüe
نیچےجانےوالا پائپ
la ventana
کھڑکی
el garaje
گیراج
el timbre
دروازےکی گھنٹی
la puerta
دروازہ
el tacho de basura
کوڑےکی ٹوکری
el buzón
لیٹرباکس
el jardín
گارڈن

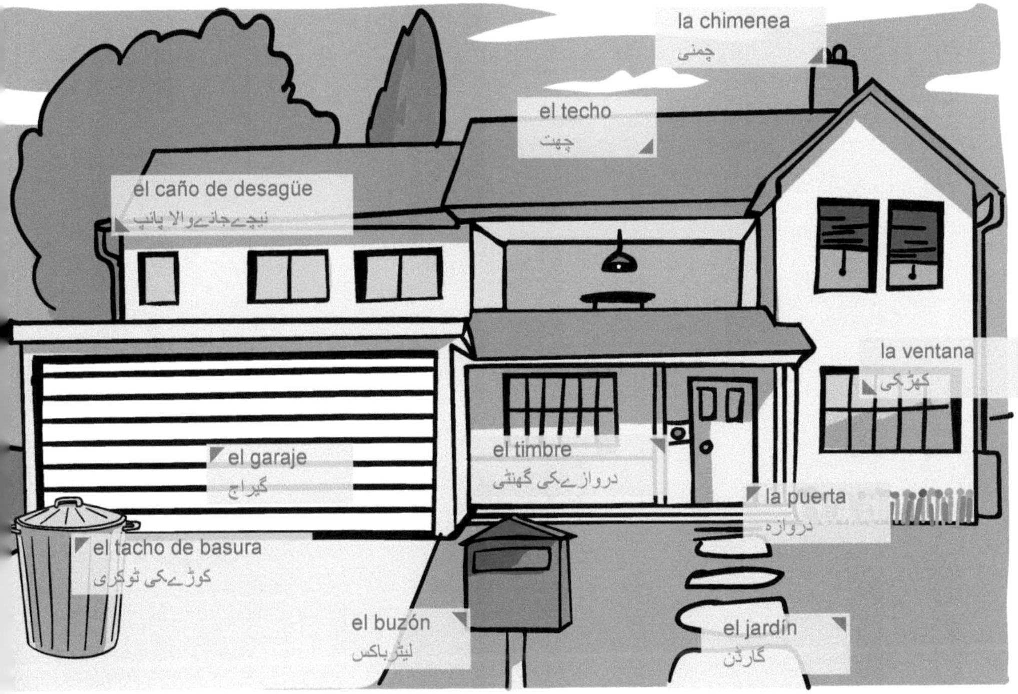

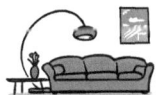

el living

لوونگ روم

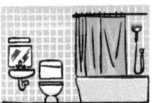

el baño

غُسل خانہ

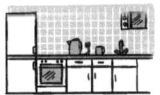

la cocina

باورچی خانہ

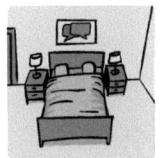

el dormitorio

بیڈروم

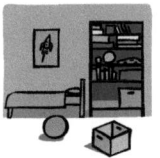

el cuarto de los chicos

بچوں کا کمرہ

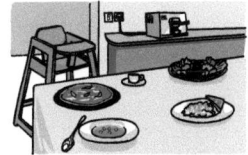

el comedor

کھانےکا کمرہ

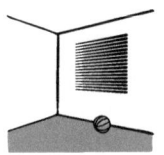

el piso

فرش

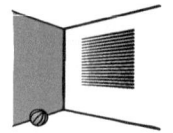

la pared

دیوار

el cielorraso

چھت

el sótano

تہ خانہ

el sauna

سوانا

el balcón

بالکونی

la terraza

ٹیریس

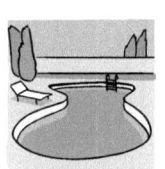

la pileta

پول

la cortadora de pasto

گھاس کاٹنے کی مشین

la sábana

چادر

el acolchado

چادر

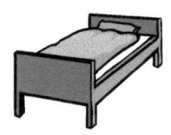

la cama

بستر

la escoba

جھاڑو

el balde

بالٹی

el interruptor

سوئچ

el living
لوونگ روم

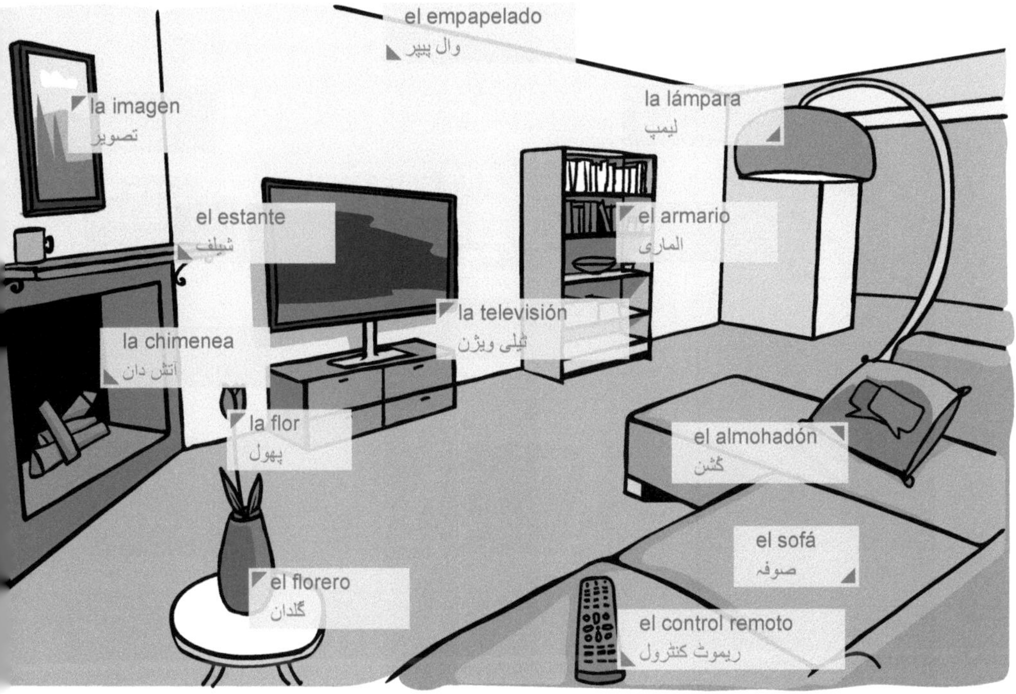

el empapelado
وال پیپر
la imagen
تصویر
la lámpara
لیمپ
el estante
شیلف
el armario
الماری
la televisión
ٹیلی ویژن
la chimenea
آتش دان
la flor
پھول
el almohadón
کشن
el sofá
صوفہ
el florero
گلدان
el control remoto
ریموٹ کنٹرول

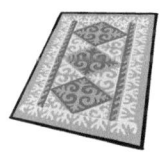

la alfombra

قالین

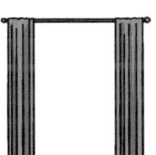

la cortina

پردے

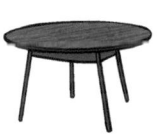

la mesa

میز

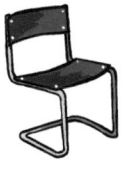

la silla

کُرسی

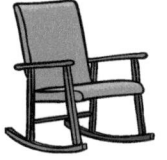

la mecedora

ہلنے والی کُرسی

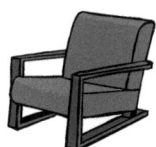

el sillón

آرام کُرسی

el libro

كتاب

la frazada

كمبل

la decoración

آرائش

la leña

جلانے کی لکڑی

la película

فلم

el equipo de música

بانی فانی

la llave

چابی

el diario

اخبار

la pintura

پینٹنگ

el póster

پوسٹر

la radio

ریڈیو

el cuaderno

نوٹ بُک

la aspiradora

ویکیوم کلینر

el cactus

کیکٹس

la vela

موم بتی

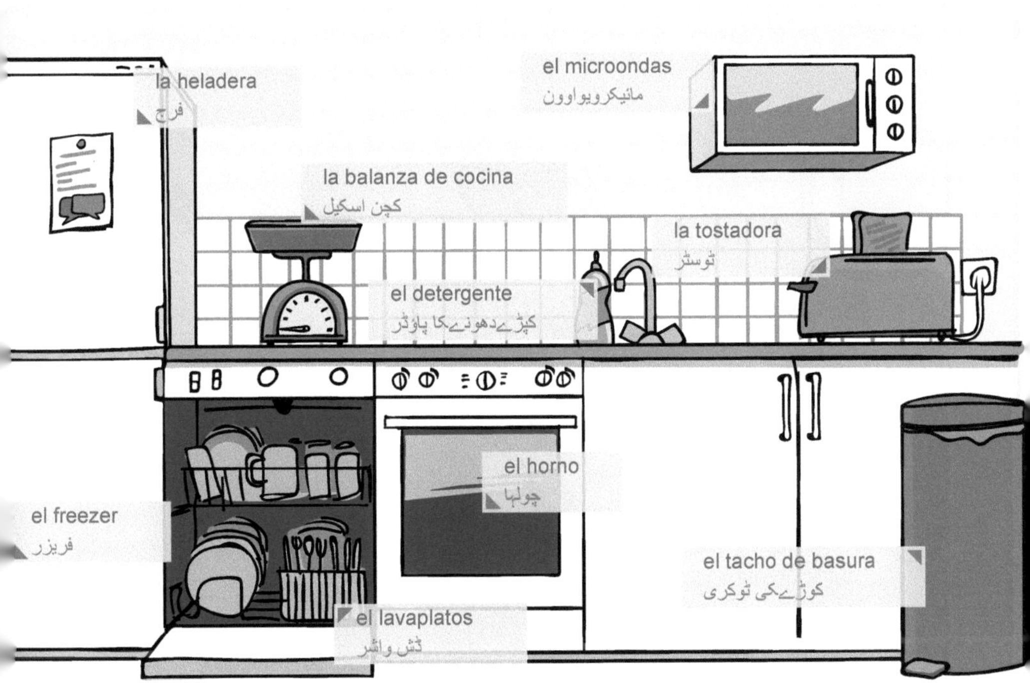

el microondas
مائیکرویواوون

la heladera
فرج

la balanza de cocina
کچن اسکیل

la tostadora
ٹوسٹر

el detergente
کپڑے دھونے کا پاؤڈر

el horno
چولہا

el freezer
فریزر

el tacho de basura
کوڑے کی ٹوکری

el lavaplatos
ڈش واشر

la cocina
گیگر

la olla
برتن

la olla de hierro fundido
لوہے کا برتن

el wok
کڑاہی

la sartén
برتن

la pava
کیتلی

la vaporera

استیمر

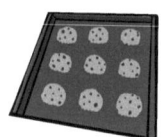

la bandeja de horno

بیکنگ ٹرے

la vajilla

کراکری

la taza

مگ

el bol

پیالہ

los palitos

چاپ اسٹکس

el cucharón

ڈوئی

la espátula

کفچہ

la batidora

جھاڑودینا

el colador

مقطر

el colador

چھلنی

el rallador

گریٹر

el mortero

کونڈی

la parrilla

باربی کیو

la fogata

کھُلی اگ

la tabla de picar

چاپنگ بورڈ

el palo de amasar

بیلن

el sacacorchos

کارک اسکریو

la lata

کین

el abrelatas

کین اوپنر

la manopla

برتن پکڑنےوالا کپڑا

la pileta

سنک

el cepillo

برش

la esponja

اسپونج

la batidora

بلینڈر

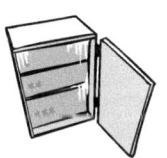

el congelador

ڈیپ فریز

la mamadera

بچےکی بوتل

la canilla

ٹونٹی

el baño

غُسل خانہ

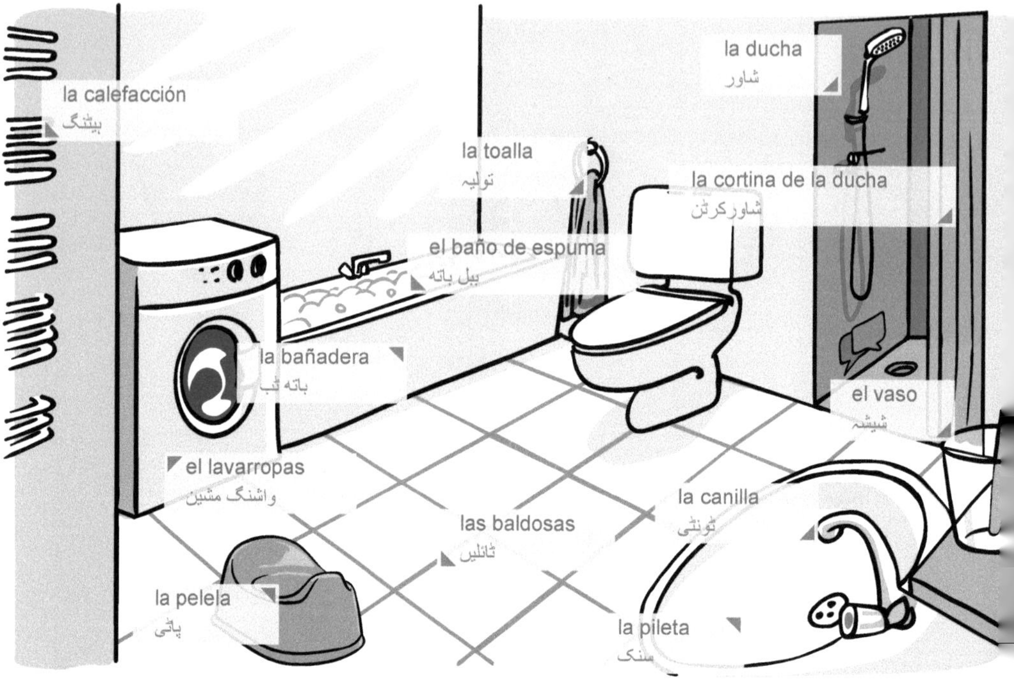

la calefacción
ہیٹنگ
la toalla
تولیہ
el baño de espuma
ببل باتھ
la bañadera
باتھ ٹب
el lavarropas
واشنگ مشین
la pelela
پاٹی
las baldosas
ٹائلیں
la ducha
شاور
la cortina de la ducha
شاورکرٹن
el vaso
شیشہ
la canilla
ٹونٹی
la pileta
سنک

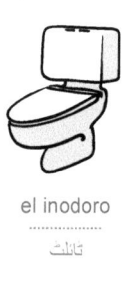

el inodoro

ٹائلٹ

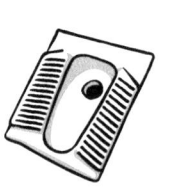

la letrina

دوزانوں بیٹھنےوالی ٹائلٹ

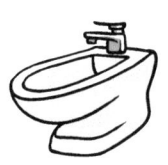

el bidé

نچلاحصہ دھونےکیلئےپاٹ

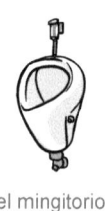

el mingitorio

پیشاب گاہ

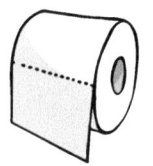

el papel higiénico

ٹائلٹ پیپر

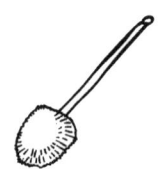

el cepillo para el inodoro

ٹائلٹ برش

el cepillo de dientes

ٹوتھ برش

el dentífrico

ٹوتھ پیسٹ

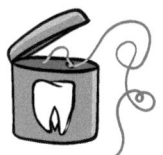

el hilo dental

ڈینٹل فلاس

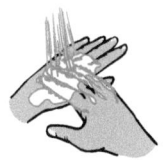

lavar

دھونا

la ducha de mano

ہینڈ شاور

la ducha higiénica

شاور

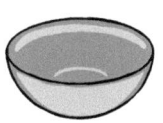

la palangana

بیسن

el cepillo para la espalda

بیک برش

el jabón

صابن

el gel de ducha

شاورجل

el shampoo

شیمپو

la toallita

فلالین

el desagüe

ڈرین

la crema

کریم

el desodorante

ڈیوڈورنٹ

el espejo

أئينہ

el espejito

ہاتھ میں پکڑا جانےوالا أئينہ

la maquinita de afeitar

ریزر

la espuma de afeitar

شيونگ فوم

el aftershave

أفٹرشيو

el peine

کنگھی

el cepillo

برش

el secador de pelo

ہيئرڈرائر

el spray

ہیئراسپرے

el maquillaje

ميک اپ

el lápiz de labios

لپ اسٹک

el esmalte para uñas

نيل وارنش

el algodón

روئی

la tijera para uñas

ناخن کاٹنےکی قينچی

el perfume

پرفيوم

el portacosméticos

واش بیگ

la banqueta

پاخانہ

la balanza

وزن کرنےکی مشین

la bata

باتھ روب

los guantes de goma

ربڑکےدستانے

el tampón

ٹیمپون

la toallita femenina

سینیٹری ٹاول

el baño químico

کیمیکل ٹائلٹ

el cuarto de los chicos

بچوں کا کمرہ

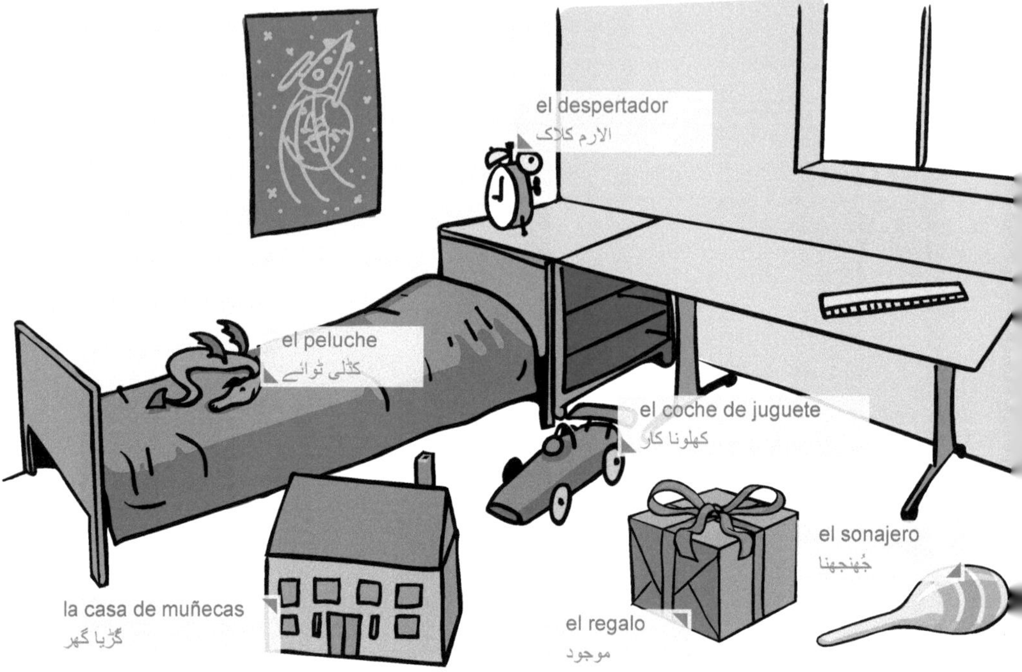

el despertador
الارم کلاک

el peluche
کڈلی ٹوائے

el coche de juguete
کھلونا کار

el sonajero
جُھنجھنا

la casa de muñecas
گڑیا گھر

el regalo
موجود

el globo

غبارہ

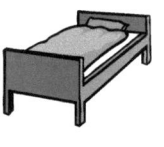

la cama

بستر

el cochecito

پرام

las cartas

ٹیک آف کارڈز

el rompecabezas

جگسا

la historieta

کامک

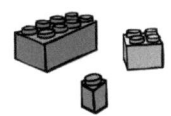

las piezas de lego

لیگوبرکس

los ladrillos de juguete

کھلونا بلاکس

la figura de acción

ایکشن فگر

el enterito (de bebé)

بچے کا لباس

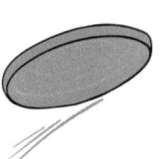

el frisbee

فرسبی

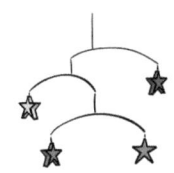

el móvil para bebés

کھلونا موبائل

el juego de mesa

بورڈ گیم

los dados

ڈانس

el tren eléctrico

ماڈل ٹرین سیٹ

el chupete

ڈمی

la fiesta

پارٹی

el libro de cuentos ilustrado

تصاویر والی کتاب

la pelota

گیند

la muñeca

گڑیا

jugar

کھیلنا

el arenero

سینڈ پٹ

la hamaca

جھولا جھولنا

los juguetes

کھلونے

la consola de videojuegos

وڈیوگیم کنسول

el triciclo

تین پہیوں والی سائیکل

el osito de peluche

ٹیڈی بیئر

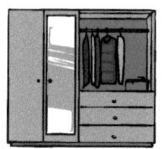

el armario

کپڑوں کی الماری

la ropa

لباس

las medias

موزے

las medias panty

اسٹاکنگز

las calzas

ٹائٹس

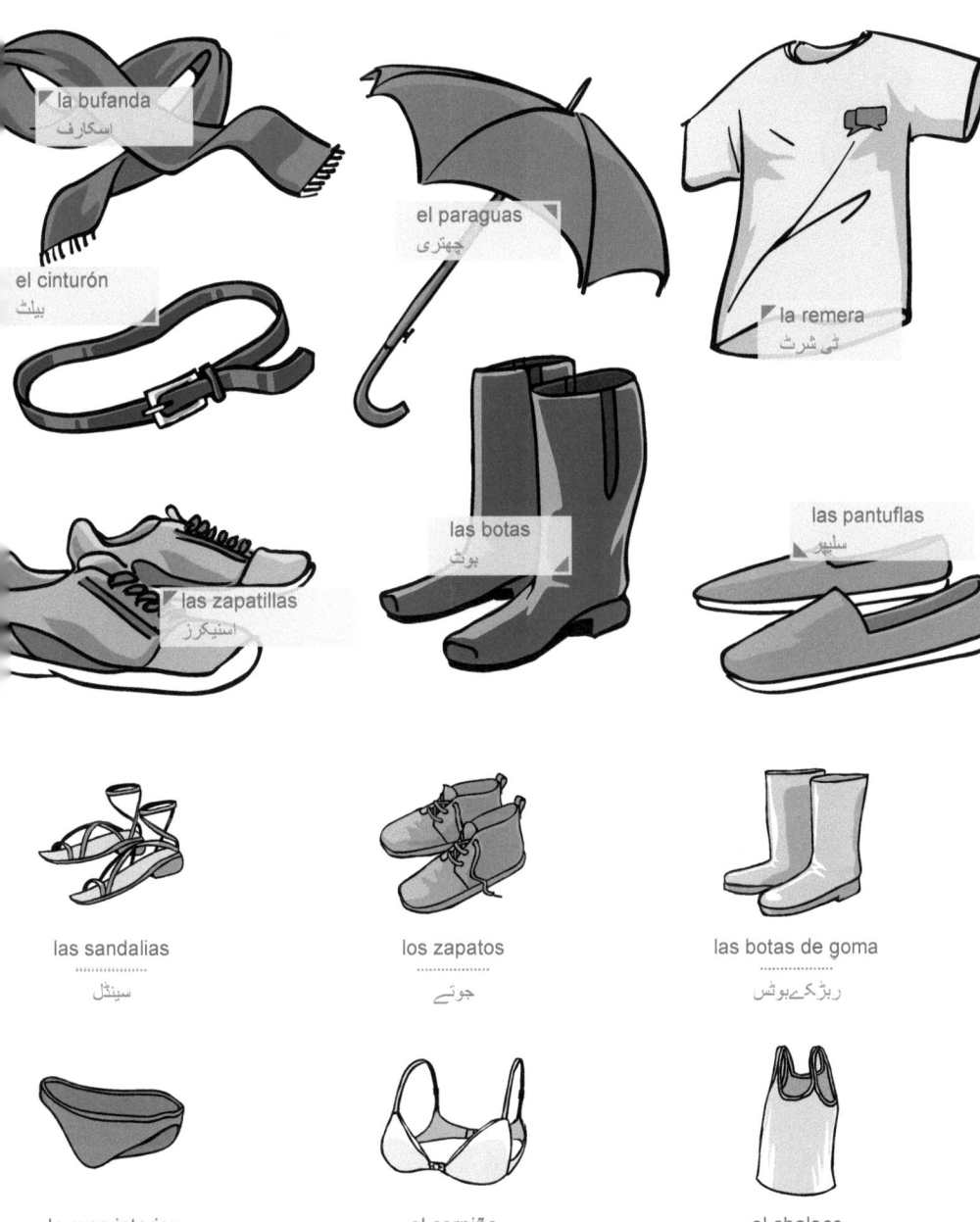

la bufanda
اسکارف

el paraguas
چھتری

la remera
ٹی شرٹ

el cinturón
بیلٹ

las botas
بوٹ

las pantuflas
سلیپر

las zapatillas
اسنیکرز

las sandalias
سینڈل

los zapatos
جوتے

las botas de goma
ربڑ کے بوٹس

la ropa interior
زیرجامہ

el corpiño
بریزنیر

el chaleco
واسکٹ

el body

جسم

los pantalones

پتلون

los jeans

جینز

la pollera

اسکرٹ

la blusa

بلاؤز

la camisa

قمیض

el pulóver

پُل اوور

el buzo

سویٹر

el blazer

بلیزر

la campera

جیکٹ

el tapado

کوٹ

el piloto

رین کوٹ

el traje

کوئی خاص لباس

el vestido

لباس

el vestido de novia

شادی کا لباس

el traje

سوٹ

el camisón

نائٹ گاؤن

el pijama

پاجامہ

el sari

ساڑھی

el pañuelo para la cabeza

سرپرلیا جانے والا اسکارف

el turbante

پگڑی

la burka

بُرقع

el caftán

کفتان

la abaya

عبایہ

el traje de baño

تیراکی کا سوٹ

el short de baño

ٹرنک

los shorts

نیکر

el jogging

ٹریک سوٹ

el delantal

اپرن

los guantes

دستانے

el botón

بٹن

los anteojos

عینک

la pulsera

کنگن

el collar

بار

el anillo

انگوٹھی

el aro

کانوں کی بالیاں

la gorra

ٹوپی

la percha

کوٹ ہینگر

el sombrero

ہیٹ

la corbata

ٹائی

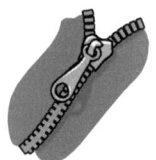

el cierre

زپ

el casco

ہیلمٹ

los tiradores

بریسز

el uniforme escolar

سکول یونیفارم

el uniforme

وردی

la ropa - لباس

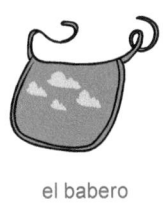

el babero

بب

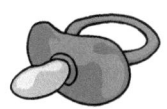

el chupete

ڈمی

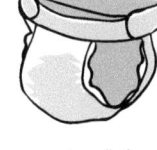

el pañal

نیپی

la oficina

دفتر

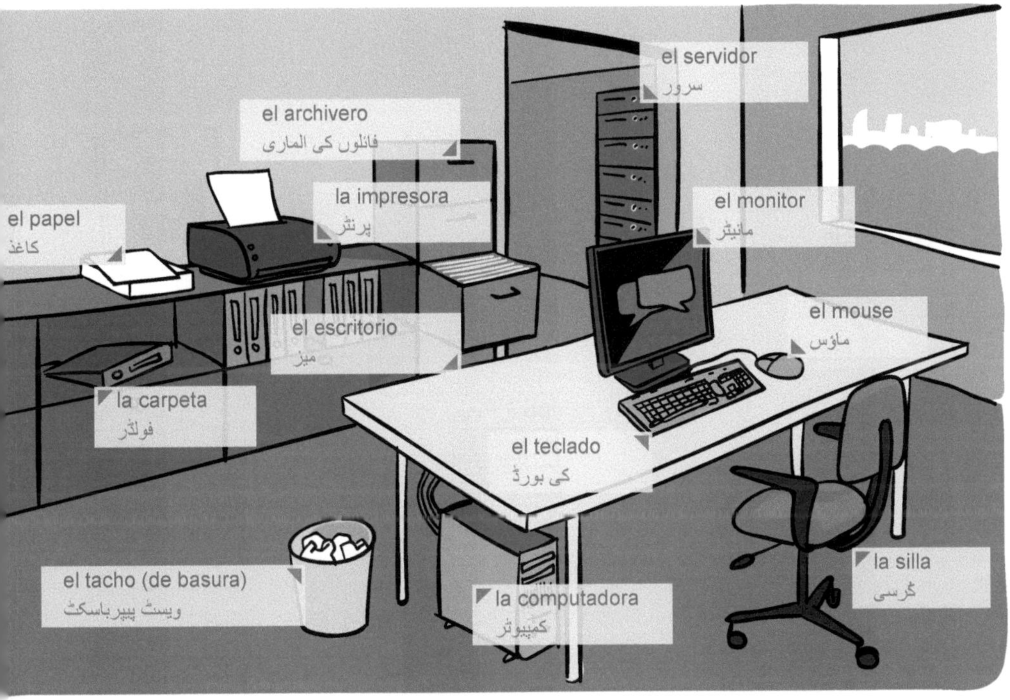

el servidor
سرور
el archivero
فائلوں کی الماری
la impresora
پرنٹر
el papel
کاغذ
el monitor
مانیٹر
el mouse
ماؤس
el escritorio
میز
la carpeta
فولڈر
el teclado
کی بورڈ
el tacho (de basura)
ویسٹ پیپرباسکٹ
la computadora
کمپیوٹر
la silla
کُرسی

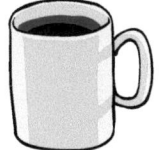

la taza de café

کافی مگ

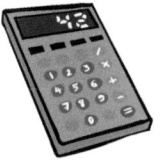

la calculadora

کیلکولیٹر

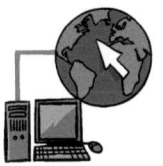

el internet

انٹرنیٹ

la laptop

لیپ تاپ

la carta

خط

el mensaje

پیغام

el celular

موبائل

la red

نیٹ ورک

la fotocopiadora

فوٹوکاپیئر

el software

سافٹ ویئر

el teléfono

ٹیلی فون

el tomacorriente

پلگ ساکٹ

el fax

فیکس مشین

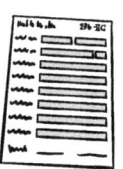

el formulario

فارم

el documento

دستاویز

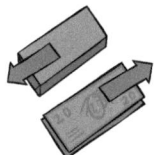

comprar

خریدنا

pagar

ادائیگی کرنا

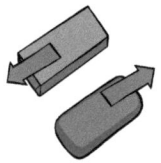

hacer negocios

تجارت کرنا

el dinero

رقم

el dólar

ڈالر

el euro

یورو

el yen

ین

el rublo

روبل

el franco suizo

سوئس فرانک

el yuan

رینمنیبی یوآن

la rupia

روپیہ

el cajero automático

کیش پوائنٹ

la casa de cambio

رقم تبدیل کرانے کیلئے دفتر

el oro

سونا

la plata

چاندی

el petróleo

خام تیل

la energía

توانائی

el precio

قیمت

el contrato

معاہدہ

el impuesto

ٹیکس

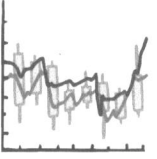

la acción

اسٹاک

trabajar

کام کرنا

el empleado

ملازم

el empleador

أجر

la fábrica

فیکٹری

el negocio

دکان

las ocupaciones

پیشے

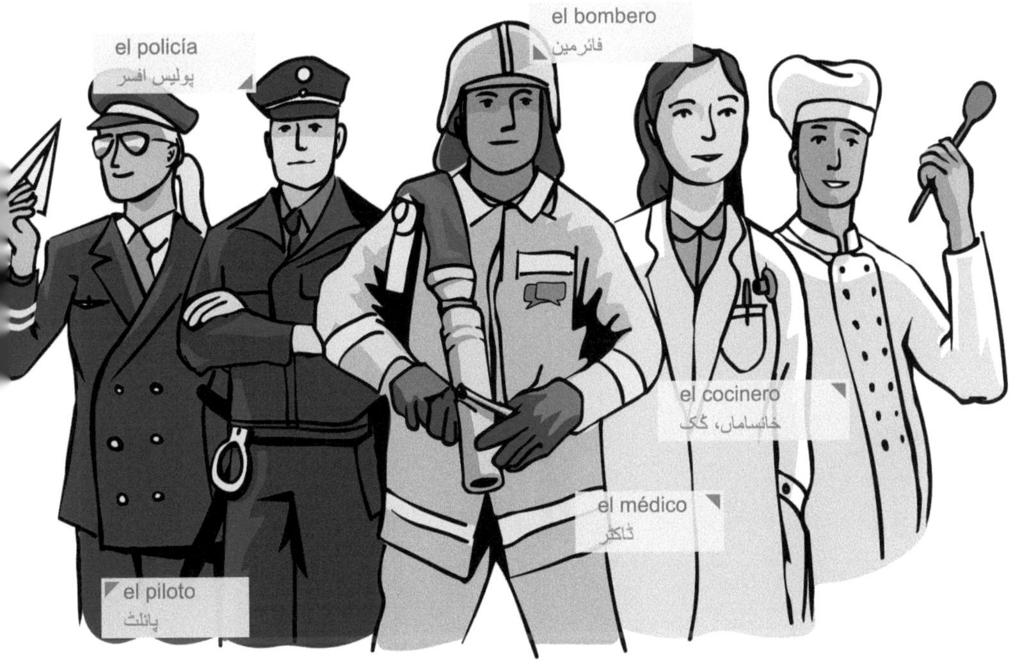
el bombero
فائرمین
el policía
پولیس افسر
el cocinero
خانساماں، کک
el médico
ڈاکٹر
el piloto
پائلٹ

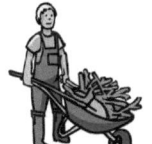

el jardinero

مالی

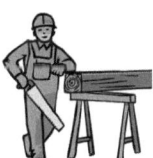

el carpintero

ترکھان

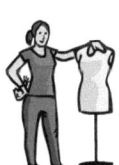

la modista

درزن

el juez

جج

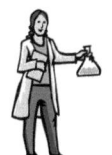

el farmacéutico

کیمسٹ

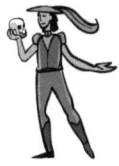

el actor

اداکار

el colectivero

بس ڈرائیور

el taxista

ٹیکسی ڈرائیور

el pescador

مچھیرا

la mucama

صفائی کرنے والی عورت

el techista

چھت بنانے والا

el mozo

ویٹر

el cazador

شکاری

el pintor

پینٹر

el panadero

بیکر

el electricista

الیکٹریشین

el albañil

بلڈر

el ingeniero

انجینئر

el carnicero

قصائی

el plomero

پلمبر

el cartero

ڈاکیا

el soldado

سپاہی

el arquitecto

آرکیٹیکٹ

el cajero

کیشئیر

el florista

پھول بیچنےوالا

el peluquero

نائی

el cobrador

کنڈکٹر

el mecánico

مکینک

el capitán

کپتان

el dentista

ڈینٹسٹ

el científico

سائنسدان

el rabino

یہودی عالم

el imán

امام

el monje

راہب

el sacerdote

پادری

las herramientas

اوزار

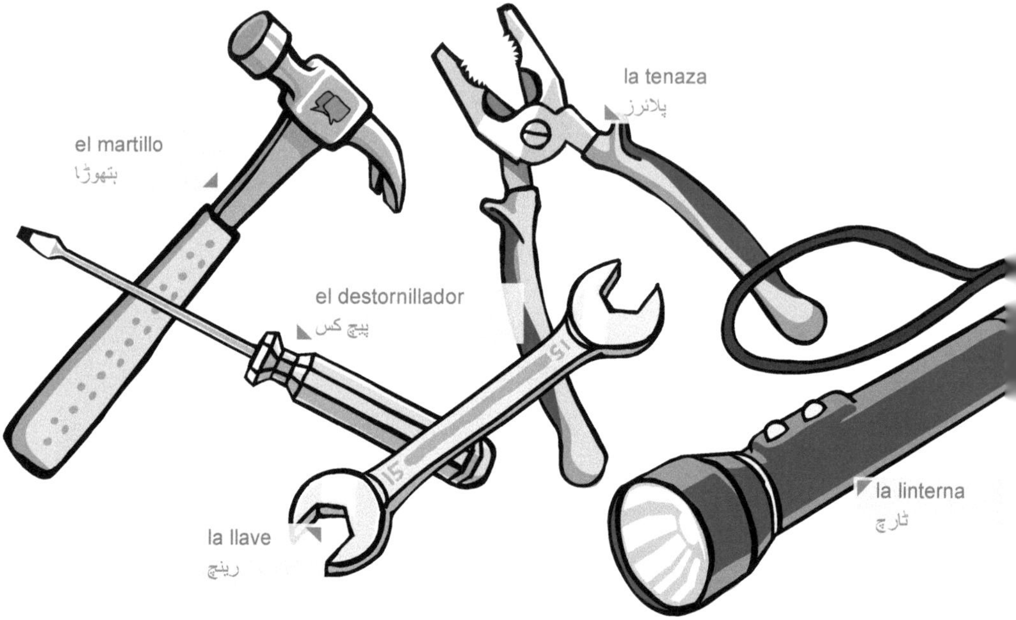

el martillo
ہتھوڑا
la tenaza
پلائرز
el destornillador
پیچ کس
la llave
رینچ
la linterna
ٹارچ

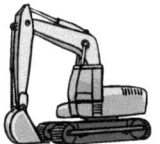

la excavadora

ایکسکویٹر

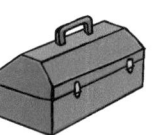

la caja de herramientas

ٹول باکس

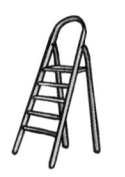

la escalera portátil

سیڑھی

la sierra

آری

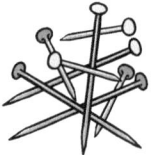

los clavos

کیل

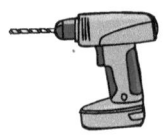

el taladro

ڈرل

arreglar

مرمت کرنا

la pala de jardín

بیلچہ

¡Qué bronca!

لعنت ہو!

la pala de plástico

ٹسٹ پین

el tacho de pintura

پینٹ باٹ

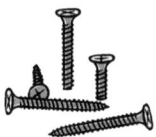

los tornillos

پیچ

los instrumentos musicales

آلات موسیقی

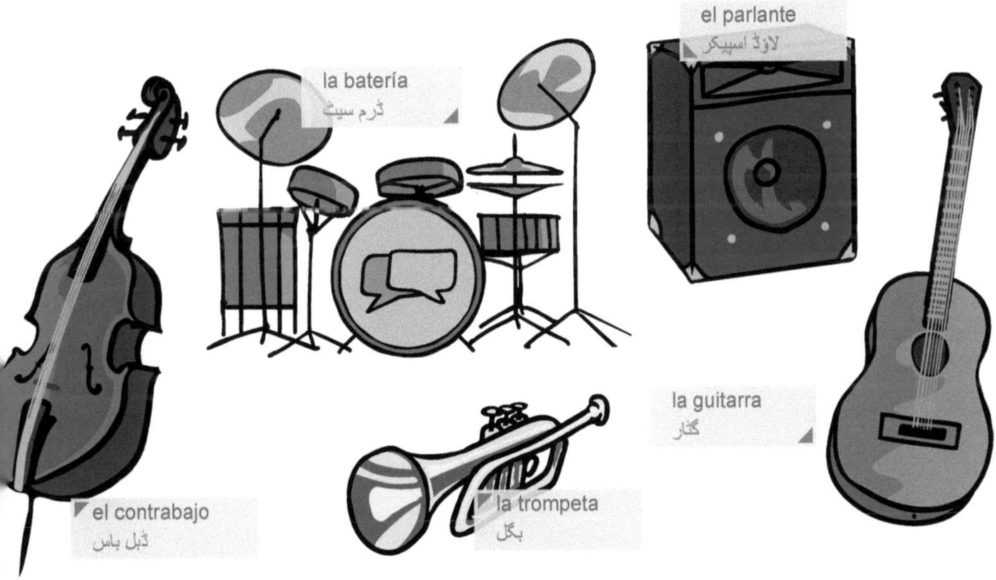

el parlante
لاؤڈ اسپیکر

la batería
ڈرم سیٹ

la guitarra
گٹار

el contrabajo
ڈبل باس

la trompeta
بگل

el piano

پیانو

el violín

وائلن

el bajo

موسیقی کی اواز

los timbales

ٹمپانی

el tambor

ڈھول، ٹرمز

el teclado

کی بورڈ

el saxofón

سیکسوفون

la flauta

بانسری

el micrófono

مائیکروفون

el zoológico

چڑیا گھر

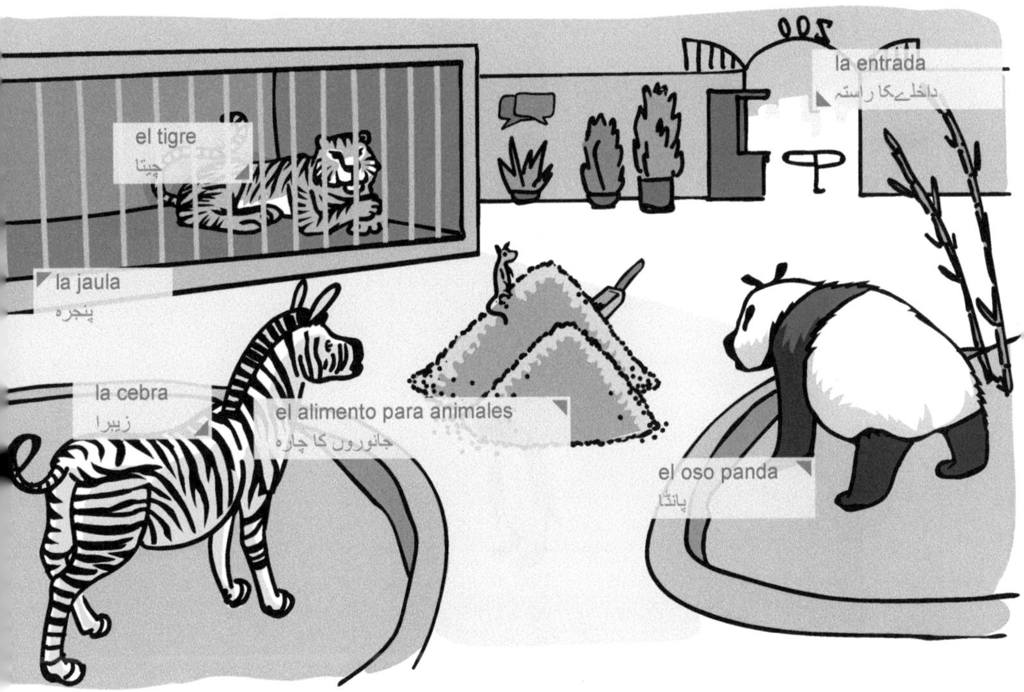

el tigre
چیتا
la entrada
داخلے کا راستہ
la jaula
پنجرہ
la cebra
زیبرا
el alimento para animales
جانوروں کا چارہ
el oso panda
پانڈا

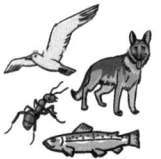

los animales

جانور

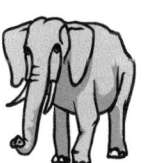

el elefante

ہاتھی

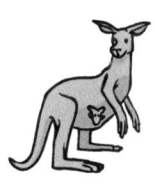

el canguro

کینگرو

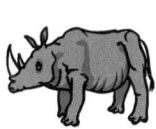

el rinoceronte

گینڈا

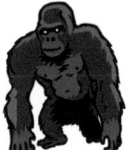

el gorila

گوریلا

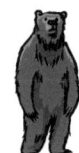

el oso

ریچھ

el camello

اونٹ

el avestruz

شُتْرمُرغ

el león

شیر

el mono

بندر

el flamenco

فلیمنگو

el loro

طوطا

el oso polar

قطبی ریچھ

el pingüino

کبوتر

el tiburón

شارک

el pavo real

مور

la serpiente

سانپ

el cocodrilo

مگرمچھ

el cuidador del zoológico

چڑیا گھر کا محافظ

la foca

سِیل

el jaguar

امریکی تیندوا

el poni

ٹٹو

el leopardo

چیتا

el hipopótamo

دریائی گھوڑا

la jirafa

زرافہ

el águila

عقاب

el jabalí

سور

el pescado

مچھلی

la tortuga

کچھوا

la morsa

سمندری گھوڑا

el zorro

لومڑی

la gacela

غزال برن

el fútbol americano
امریکن فٹ بال

el ciclismo
سائیکلنگ

el tenis
ٹینس

el básquet
باسکٹ بال

la natación
پیراکی

el boxeo
باکسنگ

el hockey sobre hielo
آئس ہاکی

el fútbol
فٹ بال

el bádminton
بیڈمنٹن

el atletismo
ایتھلیٹکس

el handball
بینڈ بال

el esquí
اسکیئنگ

el polo
پولو

reír
بنسنا

tar
چھلانگ

abrazar
گلے لگانا

caminar
چلنا

cantar
گانا

soñar
خواب دیکھنا

rezar
دُعا کرنا

besar
چُومنا

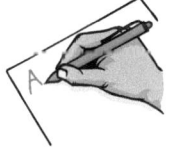

escribir
لکھنا

dibujar
تصویرکشی کرنا

mostrar
دکھانا

presionar
آگے کی طرف دھکیلنا

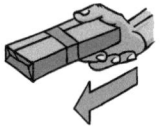

dar
دینا

tomar
لینا

tener

رکھنا

hacer

کرنا

ser

ہونا

estar parado

کھڑا ہونا

correr

دوڑنا

tirar

کھینچنا

tirar

پھینکنا

caer

گرنا

estar acostado

جھوٹ بولنا

esperar

انتظار کرنا

llevar

اٹھانا

estar sentado

بیٹھنا

vestirse

ملبوس ہونا

dormir

سونا

despertar

جاگنا

mirar

دیکھنا

llorar

رونا

acariciar

چوٹ لگانا

peinar

کنگھی کرنا

hablar

بات کرنا

entender

سمجھنا

preguntar

پوچھنا

escuchar

مُتوجہ ہونا

beber

پینا

comer

کھانا

ordenar

صاف کرنا

amar

پیارکرنا

cocinar

پکانا

manejar

گاڑی چلانا

volar

اڑنا

navegar

بحری سفر کرنا

calcular

شمار کریں

leer

پڑھنا

aprender

سیکھنا

trabajar

کام کرنا

casarse

شادی کرنا

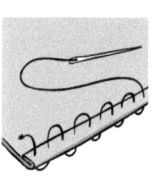

coser

سینا

cepillarse los dientes

دانت صاف کرنا

matar

جان سے مار دینا

fumar

تمباکو نوشی کرنا

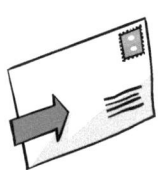

enviar

بھیجنا

la familia
خاندان

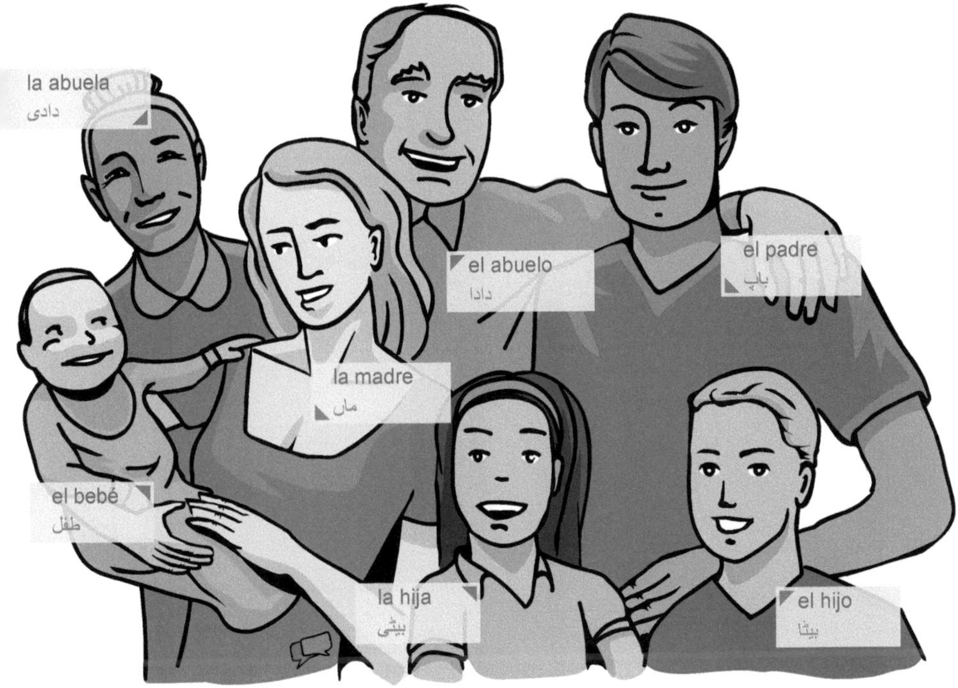
la abuela
دادی
el abuelo
دادا
el padre
باپ
la madre
ماں
el bebé
طفل
la hija
بیٹی
el hijo
بیٹا

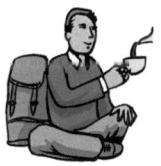

el invitado

مہمان

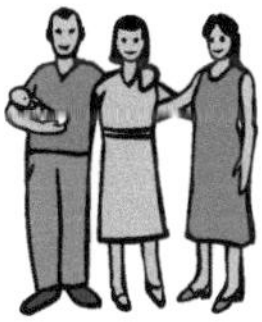

la tía

چچی

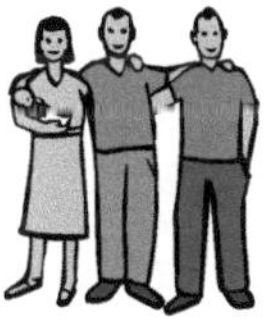

el tío

چچا

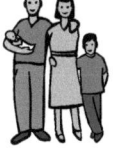

el hermano

بھائی

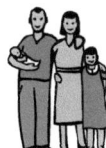

la hermana

بہن

el cuerpo

جسم

la frente
ماتھا
el ojo
آنکھ
el hombro
کندھا
el dedo
انگلی
la cara
چہرہ
la pera
ٹھوڑی
la mano
ہاتھ
la pierna
ٹانگ
el pecho
چھاتی
el brazo
بازو

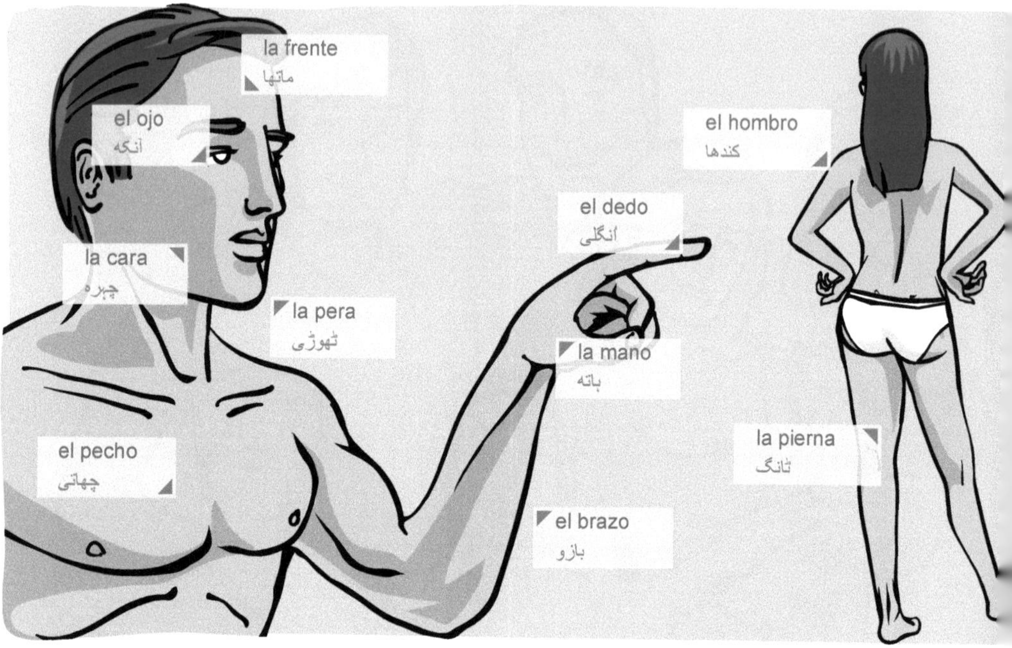

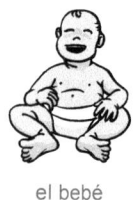

el bebé

طفل

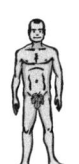

el hombre

آدمی

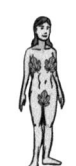

la mujer

عورت

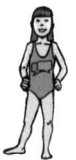

la nena

لڑکی

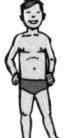

el nene

لڑکا

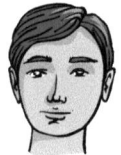

la cabeza

سر

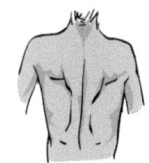

la espalda

کمر

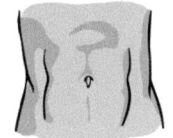

la panza

پیٹ

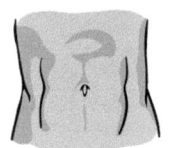

el ombligo

ناف

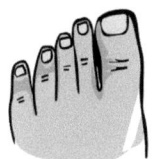

el dedo del pie

پاؤں کا انگوٹھا

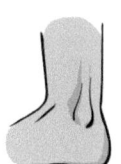

el talón

ایڑھی

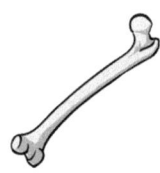

el hueso

ہڈی

la cadera

کولہا

la rodilla

گھٹنا

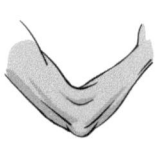

el codo

کہنی

la nariz

ناک

la cola

نچلا حصہ

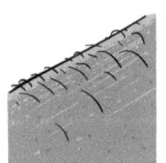

la piel

جلد

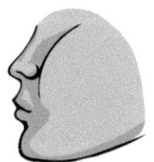

el cachete

گال

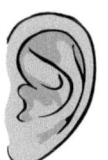

la oreja

کان

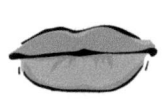

el labio

ہونٹ

el cuerpo - جسم

69

la boca

مُنہ

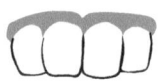

el diente

دانت

la lengua

زبان

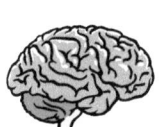

el cerebro

دماغ

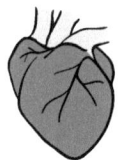

el corazón

دل

el músculo

پٹھہ

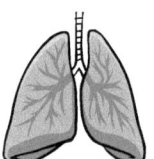

el pulmón

پھیپھڑا

el hígado

جگر

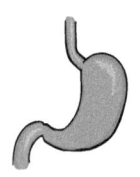

el estómago

معدہ

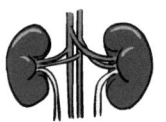

los riñones

گردے

el sexo

جنس

el preservativo

کنڈوم

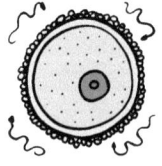

el óvulo

بیضہ

el semen

ماده منویہ

el embarazo

حمل

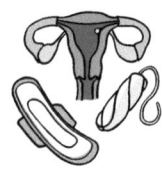

la menstruación

حيض

la vagina

اندام نباتی

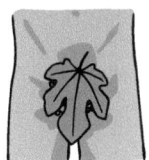

el pene

عضو تناسل

la ceja

بهنويں

el pelo

بال

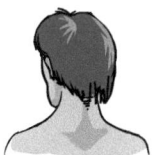

el cuello

گردن

el hospital

ہسپتال

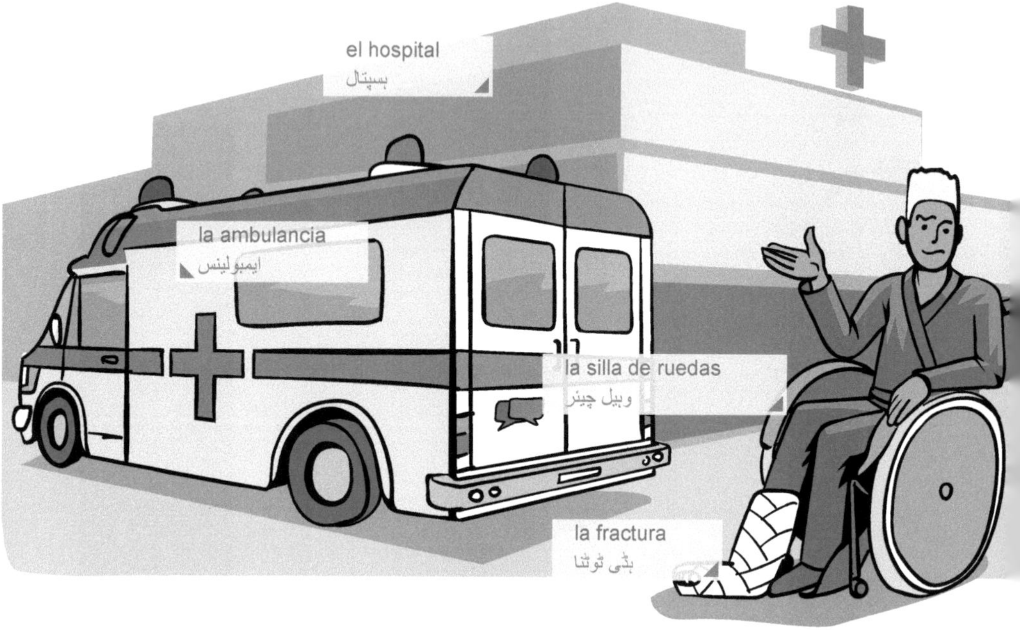

el hospital
ہسپتال
la ambulancia
ایمبولینس
la silla de ruedas
وہیل چیئر
la fractura
ہڈی ٹوٹنا

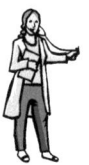

el médico

ڈاکٹر

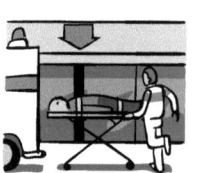

la sala de guardia

ہنگامی کمرہ

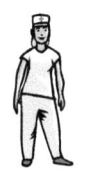

la enfermera

نرس

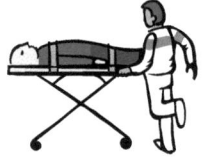

la emergencia

ہنگامی صورتحال

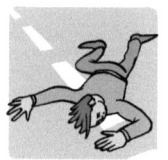

inconsciente

بےہوش

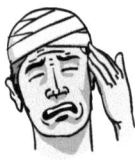

el dolor

درد

la lesión

زخم

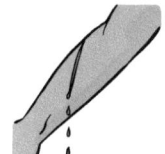

la hemorragia

خون بہنا

el infarto

دل کا دورہ

el ACV

فالج

la alergia

الرجی

la tos

کھانسی

la fiebre

بخار

la gripe

زکام

la diarrea

اسہال

el dolor de cabeza

سردرد

el cáncer

کینسر

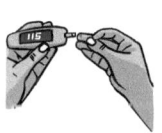

la diabetes

ذیابیطس

el cirujano

سرجن

el bisturí

نشتر

la operación

آپریشن

el hospital - ہسپتال

73

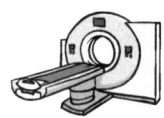

la TC

سی ٹی

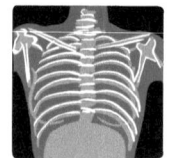

los rayos x

ایکس رے

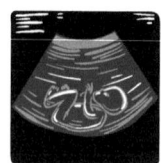

la ecografía

الٹراساؤنڈ

el barbijo

چہرے کا نقاب

la enfermedad

بیماری

la sala de espera

انتظارگاہ

la muleta

بیساکھی

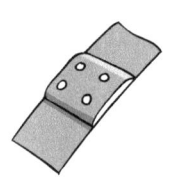

la curita

پلاسٹر

la venda

پٹی

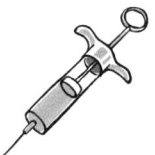

la inyección

انجکشن

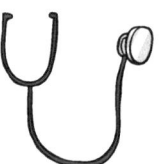

el estetoscopio

اسٹیتھواسکوپ

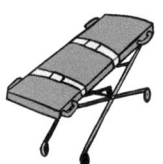

la camilla

اسٹریچر

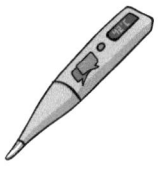

el termómetro

مطبی تھرما میٹر

el nacimiento

پیدائش

el sobrepeso

حد سےزیادہ وزن

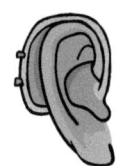

el audífono

آلہ سماعت

el desinfectante

جراثیم کش

la infección

انفیکشن

el virus

وائرس

el VIH / SIDA

ایچ آئی وی/ ایڈز

el remedio

دوا

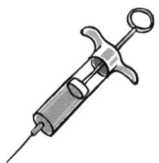

la vacunación

ویکسی نیشن

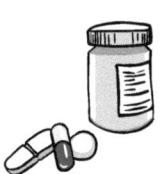

los comprimidos

گولیاں

la pastilla anticonceptiva

گولی

llamada de emergencia

ہنگامی کال

el tensiómetro

بلڈ پریشرمانیٹر

enfermo / sano

بیمار/ صحتمند

¡Ayuda!

مدد!

la alarma

الارم

la agresión

مُجرمانہ حملہ

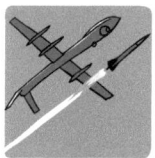

el ataque

حملہ

el peligro

خطرہ

la salida de emergencia

ہنگامی راستہ

¡Fuego!

آگ!

el matafuego

آگ بُجھانے والہ آلہ

el accidente

حادثہ

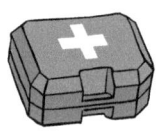

el botiquín de primeros
auxilios

ابتدائی طبی امداد کی کٹ

el SOS

ایس او ایس

la policía

پولیس

Europa

يورپ

América del Norte

شمالی امریکہ

América del Sur

جنوبی امریکہ

África

افریقہ

Asia

ايشيا

Australia

آسٹریليا

el Atlántico

بحراوقيانوس

el Pacífico

بحر الکابل

el Océano Índico

بحرہند

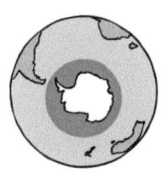

el Océano Antártico

بحرقطب جنوبی

el Océano Ártico

بحرقطب شمالی

el polo norte

قطب شمالی

el polo sur

قُطب جنوبی

la Antártida

انٹارکٹیکا

la Tierra

زمین

la tierra

زمین

el mar

سمندر

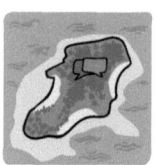

la isla

جزیرہ

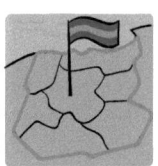

la nación

قوم

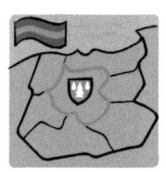

el estado

ریاست

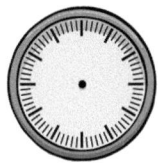

la esfera

کلاک کا سامنے کا حصہ

la manecilla de las horas

گھنٹوں والی سوئی

el minutero

منٹوں والی سوئی

el segundero

سیکنڈ ہینڈ

¿Qué hora es?

کیا وقت ہوا ہے؟

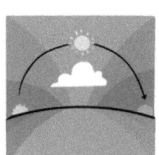

el día

دن

la hora

وقت

ahora

اب

el reloj digital

ڈیجیٹل گھڑی

el minuto

منٹ

la hora

گھنٹہ

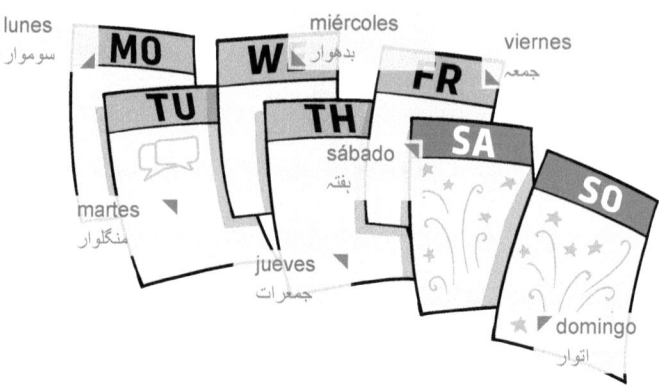

lunes
سوموار

miércoles
بدھوار

viernes
جمعہ

martes
منگلوار

jueves
جمعرات

sábado
ہفتہ

domingo
اتوار

ayer

گزرا کل

hoy

آج

mañana

کل

la mañana

صبح

el mediodía

دوپہر

la tarde

شام

MO	TU	WE	TH	FR	SA	SU
1	2	3	4	5	6	7
8	9	10	11	12	13	14
15	16	17	18	19	20	21
22	23	24	25	26	27	28
29	30	31	1	2	3	4

los días hábiles

کاروباری دن

MO	TU	WE	TH	FR	SA	SU
1	2	3	4	5	6	7
8	9	10	11	12	13	14
15	16	17	18	19	20	21
22	23	24	25	26	27	28
29	30	31	1	2	3	4

el fin de semana

ہفتے کا اختتام

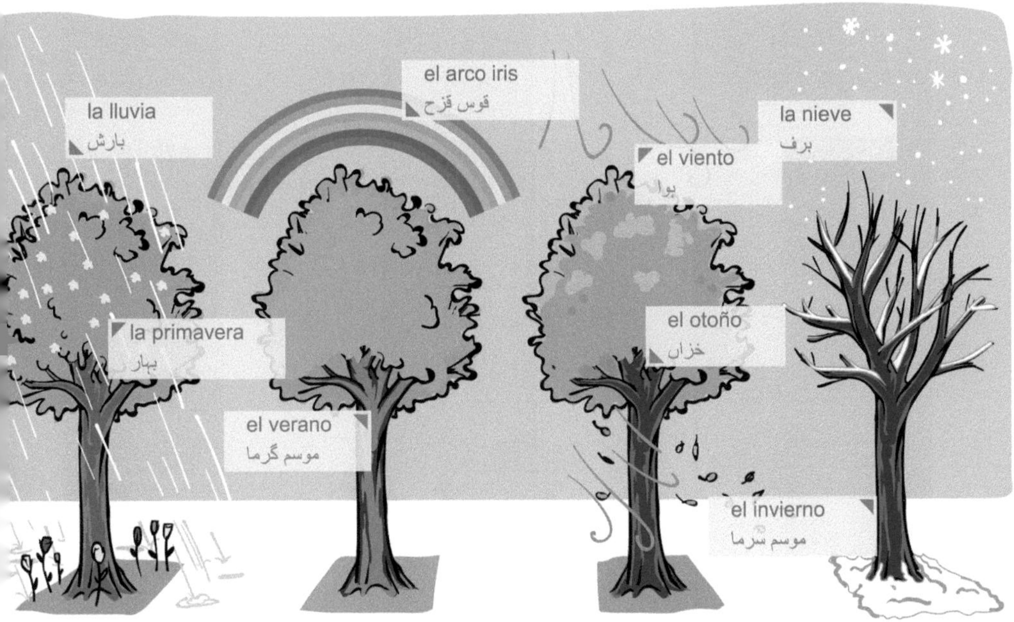

la lluvia
بارش
el arco iris
قوس قزح
la nieve
برف
el viento
ہوا
la primavera
بہار
el otoño
خزاں
el verano
موسم گرما
el invierno
موسم سرما

4.APRIL 11°
5.APRIL 4°
6.APRIL 13°
7.APRIL 8°
8.APRIL 10°

ronóstico meteorológico

موسمی پیش گوئی

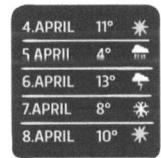

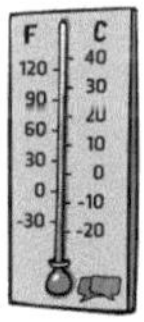

F
C
120
90
60
30
0
-30
40
30
20
10
0
-10
-20

el termómetro

تھرما میٹر

la luz del sol

دھوپ

la nube

بادل

la niebla

دُھند

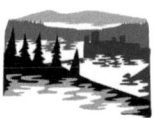

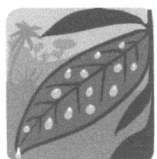

la humedad

حبس

el rayo

بجلی کوندھنا

el trueno

بادلوں کی گرج

la tormenta

طوفان

el granizo

ژالہ باری

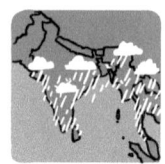

el monzón

مون سون

la inundación

سیلاب

el hielo

برف

enero

جنوری

febrero

فروری

marzo

مارچ

abril

اپریل

mayo

منی

junio

جون

julio

جولائی

agosto

اگست

el año - سال

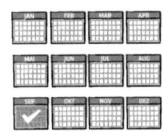

septiembre

ستمبر

octubre

اكتوبر

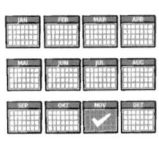

noviembre

نومبر

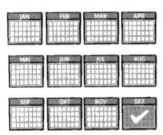

diciembre

دسمبر

las formas

اشكال

el círculo

دائره

el cuadrado

چوکور

el rectángulo

مُستطیل

el triángulo

تکون

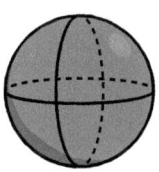

la esfera

گره

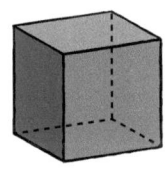

el cubo

مکعب

blanco

سفید

amarillo

پیلا

naranja

نارنجی

rosa

گلابی

rojo

سُرخ

violeta

جامنی

azul

نیلا

verde

سبز

marrón

بھورا

gris

مٹیالا

negro

سیاہ

mucho / poco

بہت زیادہ / بہت کم

enojado / tranquilo

ناراض / پُرسکون

lindo / feo

خوبصورت / بدصورت

el principio / el fin

آغاز / اختتام

grande / chico

بڑا / چھوٹا

claro / oscuro

روشن / اندھیرا

hermano / la hermana

بھائی / بہن

limpio / sucio

صاف / گندا

completo / incompleto

مکمل / نامکمل

el día / la noche

دن / رات

muerto / vivo

زندہ / مُردہ

ancho / angosto

چوڑا / تنگ

comestible / no comestible

کھانے کے قابل ہونا / کھانے کے قابل نہ ہونا

gordo / flaco

موٹا / دُبلا

lleno / vacío

بھرا ہوا / خالی

el hambre / la sed

بھوک / پیاس

inteligente / estúpido

عقلمند / بیوقوف

malo / amable

بُرا / اچھا

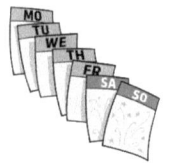

primero / último

پہلا / آخری

duro / blando

سخت / نرم

enfermo / sano

بیمار / صحتمند

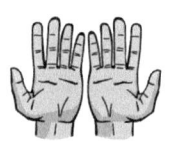

izquierda / derecha

بائیں / دائیں

entusiasmado / aburrido

پُرجوش / بوریت کا شکار

el amigo / el enemigo

دوست / دُشمن

pesado / liviano

بوجھل / ہلکا

ilegal / legal

غیر قانونی / قانونی

cerca / lejos

نزدیک / دور

nuevo / usado

نیا / پُرانا

nada / algo

کچھ نہیں / کچھ ہے

viejo / joven

بوڑھا / نوجوان

encendido / apagado

آن / آف

abierto / cerrado

کُھلا / بند

silencioso / ruidoso

خاموش / بُلند آواز

rico / pobre

امیر / غریب

correcto / incorrecto

ٹھیک / غلط

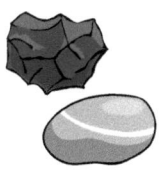

áspero / suave

کھُردرا / بموار

triste / contento

افسرده / خوش

corto / largo

مُختصر / طویل

lento / rápido

آبستہ / تیز

mojado / seco

گیلا / خُشک

caliente / frío

گرم / ٹھنڈا

guerra / paz

جنگ / امن

0

cero

صفر

1

uno

ایک

2

dos

دو

3

tres

تین

4

cuatro

چار

5

cinco

پانچ

6

seis

چھ

7

siete

سات

8

ocho

آٹھ

9

nueve

نو

10

diez

دس

11

once

گیاره

12

doce

باره

13

trece

تيره

14

catorce

چوده

15

quince

پندره

16

dieciséis

سوله

17

diecisiete

ستره

18

dieciocho

اتهاره

19

diecinueve

أنيس

20

veinte

بيس

100

cien

سو

1.000

mil

بزار

1.000.000

el millón

دس لاكه

el inglés

انگریزی

el inglés americano

امریکی انگریزی

el chino mandarín

چینی میندّارین

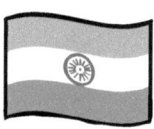

el hindi

ہندی

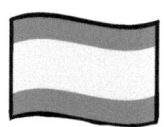

el español

ہسپانوی

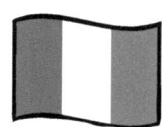

el francés

فرانسیسی

el árabe

عربی

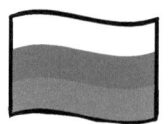

el ruso

روسی

el portugués

پُرتگالی

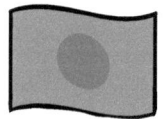

el bengalí

بنگالی

el alemán

جرمن

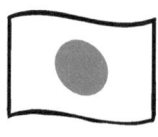

el japonés

جاپانی

yo

میں

vos

تم

él / ella

وہ (لڑکا) / وہ (لڑکی) / یہ

nosotros

ہم

ustedes

تم

ellos

وہ

¿quién?

کون؟

¿qué?

کیا؟

¿cómo?

کیسے؟

¿dónde?

کہاں؟

¿cuándo?

کب؟

el nombre

نام

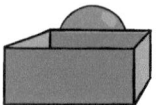

detrás

پیچھے

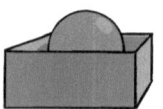

en

میں

adelante de

کے سامنے

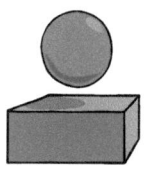

por encima de

اوپر

sobre

پر

debajo de

نیچے

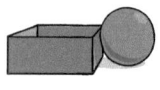

al lado de

ساتھ

entre

درمیان

el lugar

جگہ